BEI GRIN MACHT SICH IHR WISSEN BEZAHLT

Digitale Geschäftsprozesse

Bibliografische Information der Deutschen Nationalbibliothek:

Die Deutsche Nationalbibliothek verzeichnet diese Publikation in der Deutschen Nationalbibliografie; detaillierte bibliografische Daten sind im Internet über http://dnb.d-nb.de abrufbar.

ISBN: 9783346876577
Dieses Buch ist auch als E-Book erhältlich.

Druck und Bindung: Books on Demand GmbH, Norderstedt Germany
Gedruckt auf säurefreiem Papier aus verantwortungsvollen Quellen

Das vorliegende Werk wurde sorgfältig erarbeitet. Dennoch übernehmen Autoren und Verlag für die Richtigkeit von Angaben, Hinweisen, Links und Ratschlägen sowie eventuelle Druckfehler keine Haftung.

Das Buch bei GRIN: https://www.grin.com/document/1358870

Einsendearbeit

Digitale Prozesse

(Alternative A)

Inhaltsverzeichnis

Abkürzungsverzeichnis

AG	Aktiengesellschaft
DGFP	Deutsche Gesellschaft für Personalführung e.V.
DIN	Deutsche Institut für Normung
HR	Human Resource
ISO	International Organization for Standardization
IoT	Internet of Things
IT	Informationstechnologie
MINT	Mathematik, Informatik, Naturwissenschaften und Technik

Abbildungsverzeichnis

1   Textteil zu Aufgabe A

Vor einigen Jahren war die Unternehmensorganisation in ihrem Aufbau von einer starren Hierarchie und damit von einer bürokratischen Grundstruktur geprägt. Zur Organisation eines Unternehmens gehörten Strukturen und Abteilungen, welche eine fachliche Ausrichtung hatten und die Beteiligten des Unternehmens in verschiedenen Rollen und Zuständigkeiten untergliederten. In dem Unternehmen arbeiteten Personen, die täglich ihre Aufgaben erfüllten, jedoch ohne in einen gemeinsamen Austausch zu kommen oder einen ganzheitlichen Blick auf die Aufgabenbereiche zu erlangen. Dabei wurden die internen Anforderungen zwar erfüllt, jedoch wurde schnell deutlich, dass diese Arbeitsprozesse und Strukturen nicht erfolgswirksam waren. Die noch ungenutzten Potentiale wurden vor allem bei den Mitarbeitern und den jeweiligen Abteilungen gesehen, da dort die meisten Leistungsreserven lagen. Zwei wesentliche Aspekte waren bei der Optimierung der Unternehmensstruktur entscheidend: das Ausschöpfen der Potentiale und der Kompetenzen aller Mitarbeiter des Unternehmens und die Erwartungshaltung der Kunden. Die internen und externen Wertschöpfungsprozessen wurden aus diesem Ansatz heraus entscheidende Faktoren für den Unternehmenserfolg. (bitkom, 2016, S. 5)

1.1   Digitale Geschäftsprozesse

„Die DIN EN ISO 9000:2015 definiert den Begriff „Prozess" als einen Satz zusammenhängender oder sich gegenseitig beeinflussender Tätigkeiten, welche Eingaben zum Erzielen eines vorgesehenen Ergebnisses verwendet." (bitkom, 2016, S.5) Außerdem ist ein Prozess dadurch charakterisiert, dass er immer einen Input und einen Output erzeugt.

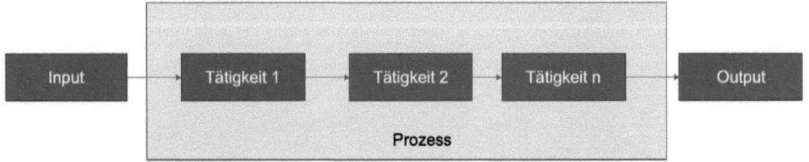

Abbildung 1-1 Prozessablauf (in Anlehnung an bitkom, 2016, S.5)

Innerhalb eines Unternehmens werden Geschäftsprozesse definiert als „die zusammenhängenden Folgen von Tätigkeiten, die in Unternehmen zur Erreichung der Unternehmens- bzw. Organisationsziele erledigt werden." (Staud, 2006, S. 4) Dabei besteht der betriebliche Leistungsumfang aus einer Vielzahl von einzelnen Prozessen, die dann durch ihre wechselseitigen Wirkungen aufeinander einen wirtschaftlichen Gesamtprozess erzeugen. (bitkom, 2016, S. 6)

Im Weiteren wurde der Begriff „Geschäftsprozess" von anderen Autoren und Institutionen wie folgt definiert:

- "Wir definieren einen Unternehmensprozess als Bündel von Aktivitäten, für das ein oder mehrere unterschiedliche Inputs benötigt werden und das für den Kunden ein Ergebnis von Wert erzeugt." (Hammer, Champy & Künzel, 1994, S. 52)

- "Ein Prozess stellt eine logisch-zeitliche Struktur zwischen Aktivitäten dar. Ein Prozess wird durch ein oder mehrere Startereignisse ausgelöst, verbraucht Input und liefert ein oder mehrere Ergebnisse (Output). ..." (European Association of Business Process Management EABPM, 2014, S. 519)

- "Ein Geschäftsprozess besteht aus der funktionsüberschreitenden Folge wertschöpfender Aktivitäten, die vom Kunden erwartete Leistungen erzeugen und die aus der Geschäftsstrategie und Geschäftszielen abgeleiteten Prozessziele erfüllen." (Schmelzer & Sesselmann, 2013, S.52)

Abbildung 1-2 Schema für End-to-End Prozess (Schmelzer & Sesselmann, 2013, S. 53)

Die Geschäftsprozesse bestehen als maßgeblich aus einer Vielzahl von untergeordneten Prozessen, die sich an den Kundenwünschen und Erwartungen orientieren, um ein wertschöpfendes Ergebnis zu erzielen, welches die Ziele der strategischen Ausrichtung eines Unternehmens erfüllt. (Gadatsch, 2020, S. 5) Um einen Prozess auszulösen, wird ein Input gegeben, welcher sowohl innerhalb oder außerhalb des Unternehmens entstehen kann. Es kann sich bei diesem Auslöser um eine Kundenanfrage für ein Produkt oder auch eine Mitarbeiteranfrage (z.B. Urlaubsantrag) handeln. Die von der Anfrage ausgelöste Aktivität, in Form eines zielgerichteten Handelns, führt dann wiederum zu einem Ergebnis, welches einen definierten Mehrwert bietet. (Fleischmann, 2018, S. 1) Charakteristisch für einen Prozess ist es, dass er mehrmals wiederholt wird und nicht zur einmaligen Durchführung dient. (Gadatsch, 2020, S.6)

Geschäftsprozesse dienen dazu, dass Organisationen ihre Aktivitäten strukturieren können und eine Organisation und Durchführung der Aufgaben durch klar definierte Abläufe erfolgen kann. (Fleischmann, 2018, S.1)

Der Einzug der Digitalisierung in den Unternehmen und die Entwicklung zu einer Industrie 4.0 hat durch die neue Kommunikationstechnik und die Vernetzung über das IoT zu einer Veränderung der Wertschöpfungsketten und zu digitalisierten Geschäftsmodellen, Produktangeboten und damit auch zu einer (Teil-)Digitalisierung von Prozessen geführt. (Plass, 2020, S. 60) „Ein digitalisierter Prozess liegt vor, wenn einzelne oder alle Aktivitäten in einem Prozess mit der Unterstützung eines IT-Systems durchgeführt werden und ebenso einzelne oder alle Daten für den Prozess in digitaler Form vorliegen. Digitalisierte Prozesse können sich hinsichtlich ihres Digitalisierungsgrades unterscheiden. Dieser gibt an, wie viel Prozent der Aktivitäten im Prozess mit IT-Unterstützung durchgeführt werden." (Appelfeller-Feldmann, 2018, S. 20) In Abgrenzung zu analogen Prozessen wird in der nachfolgenden Tabelle darstellen.

Analoge Prozesse	Digitale Prozesse
ortsgebunden	ortsungebunden
Voraussetzung: Kompetenzen	Voraussetzung: technische Ausstattung (PC, Wiki, Internet)
Zeitintensiver, je nach physischer Distanz	Zeitsparend, durch Überwindung physischer Distanzen
Fehler und Intransparenz durch manuelle Vorgänge (z.B. manuelle Übergaben)	Transparenz und Qualitätsstandards durch Dokumentation und Übergaben von Informationen
Menschliche Komponente notwendig	(Teil-)Automatisierung möglich
Qualität ist abhängig von Akteuren	Standarisierung und Controlling durch systemische Intelligenz möglich

Tabelle 1-1 Vergleich analoge vs. digital Prozesse (in Anlehnung an Appelfelder-Feldmann, 2018, S. 33 und Skript)

Bei der Digitalisierung von Geschäftsmodellen handelt es sich um die Optimierung von bestehenden Produkten/Diensten oder deren Neuentwicklung. Dabei werden nicht alle Prozesse automatisch vollautomatisiert, es steht vor allem die Betrachtungsweise der Kommunikation von Maschinen, Menschen und Produkten/Diensten im Vordergrund. Für die Digitalisierung von Geschäftsprozessen gilt: „Die Digitalisierung der Arbeitswelt umfasst den vernetzten Einsatz von Informations- und Kommunikationstechnologien zur Automatisierung betrieblicher Prozesse sowie der Entwicklung neuer Produkte und Dienste. Ziel ist die Steigerung der Wertschöpfung." (bitkom, 2016, S. 8) Nach diesem

Verständnis für Geschäftsmodelle steht wiederum der Anwender (Kunde) bzw. dessen Nutzen im Mittelpunkt. Bei dem Einsatz von Technologien in Unternehmen sollte demnach abgewogen werden, inwiefern sich diese auf den Nutzen der Prozesse auswirkt. Im Bereich der Technologie Start-Up Szene wird deutlich, wie wichtig es bei dem Thema Digitalisierung von Unternehmen ist, die Perspektive auf den Nutzen, sowie der Auswirkung auf das signifikanten Marktpotential zu richten und disruptiv zu sein denn nur so können potenzielle Investoren von der langfristigen Wirtschaftlichkeit des Geschäftsmodells überzeugt werden. (Plass, 2020, S.63)

1.2 Wertschöpfungsketten nach Porter

Im Mittelpunkt der ökonomischen Aktivitäten eines Unternehmens steht die Wertschöpfung. Sie wird definiert als „die Differenz zwischen der von Unternehmen erbrachten Leistung und den vom Unternehmen in Anspruch genommenen Vorleistungen." (Bernecker, 2020) Im Bereich des strategischen Managements wird die Wertschöpfungskette (value chain) nach Michael E. Porter (1986) als Analyseinstrument verwendet, um den Wert eines Unternehmens und seine Wettbewerbsvorteile festzustellen. Dazu wird das Unternehmen in seine Bereiche und in den dazugehörigen einzelnen Prozessen aufgegliedert. (Eelants, 2021) Die Analyse der Wertschöpfungskette gilt dabei eine systematische Unternehmensanalyse vorzunehmen, wobei Potenziale innerhalb der einzelnen Aktivitäten aufgedeckt werden können, Schnittstellen von relevanten Kontaktpunkten im Unternehmen erkannt werden und eine strategische Kostenanalyse der jeweiligen Aktivitäten vorgenommen werden kann. Ein Nachteil ist dabei jedoch, dass es sich um ein statisches Konzept handelt, welches keine Übersicht über die Veränderungen in der Unternehmensumwelt inkludiert. Ein weiterer Punkt ist der große Aufwand, welcher zur Erstellung der Analyse erforderlich ist. Ebenfalls ist die isolierte Kostenbetrachtung der einzelnen Aktivitäten schwer ermittelbar ist, da sie oftmals ineinander übergehen. (Bernecker, 2020)

Um den Wert eines Unternehmens zu bestimmen, teilt Porter die Organisation in sogenannte primäre Aktivitäten (Kernprozesse) und sekundäre Aktivitäten (unterstützende Prozesse) auf.

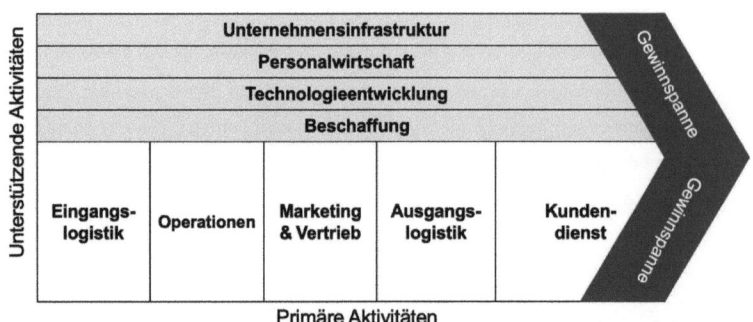

Abbildung 1-3 Wertschöpfungskette nach Porter (in Anlehnung an Bernecker, 2020)

Die primären Aktivitäten bilden den wertschöpfenden Teil der Organisation und dienen zur Entwicklung eines Produktes oder einer Dienstleistung, bis zur Auslieferung dessen und in die Nachverkaufsphase hinein. Die Aktivitäten werde in die fünf Kategorien unterteilt: Inbound-Logistik, Betrieb, Outbound-Logistik sowie in Marketing & Vertrieb und Serviceleistung für den Kunden. Somit bilden die primären Aktivitäten eine Kette, welche bei der Produktherstellung, über den Verkauf, bis hin zu Kundenbetreuung reicht.

Die sekundären Aktivitäten stehen nicht direkt mit dem Produkt oder der Dienstleistung in Verbindung. Sie dienen der Unterstützung zur Umsetzung von Kernprozessen und stehen in der Wertschöpfungskette nach Porter im oberen Teil der Abbildung. Die unterstützenden Aktivitäten werden in vier Kategorien eingeteilt: Akquisition (Beschaffung), Technologische Entwicklungen, Human-Ressource-Management und Infrastruktur. (Eelants, 2021) Dabei bilden die sekundären Aktivitäten, die Unterstützung des Unternehmens ab, die zwar keinen direkten Beitrag zur Leistungserstellung darstellen, jedoch durch ihre effiziente Gestaltung zu einem Wettbewerbsvorteil gegenüber anderem Unternehmen werden können. (Bernecker, 2020) Das Prozessmanagement beinhaltet die überordneten Steuerungsprozesse der Wertschöpfungskette und beinhaltet die Planung, Steuerung und das Controlling der primären und sekundären Aktivitäten. (Gadadsch, 2020, S. 9-10)

1.3 Skalierbarkeit von digitalen Prozessen

Die positiven Eigenschaften von digitalen Geschäftsmodellen und damit auch deren Prozessen liegt in ihrer Skalierbarkeit. Diese beschreibt im Zusammenhang mit Unternehmen das Wachstumspotenzial, also die Umsatzsteigerung eines Produktes oder einer Dienstleistung. Dabei sind zwei Aspekte zu berücksichtigen. Einerseits bedeutet Skalierbarkeit, die Fähigkeit die Gewinnspanne zu steigern. Das wiederum bedeutet, dass die Umsätze schneller als die anfallenden Kosten ansteigen. Außerdem fallen bei digitalisierten Geschäftsmodellen oftmals die Fixkosten (Büroraummieten, Gehälter, etc.) geringer aus, auch wenn sich die Produktionen weiter ansteigen. Die Grenzkosten gehen gegen Null. Des Weiteren ist eine Fähigkeit von digitalen Geschäftsmodellen, dass ein exponentielles Wachstum eintritt. (Greff, Winter & Werth, 2018, S. 1317-1318) Die Skalierbarkeit selbst hängt jedoch auch von dem jeweiligen Geschäftsmodell ab. Je stärker beispielsweise Geschäftsmodelle automatisiert sind, umso höher ist ihre Skalierbarkeit. Je stärker ein Geschäftsmodell von Produktionseinheiten abhängt, umso höher sind die Investitionskosten und damit ist eine geringere Skalierbarkeit gegeben.

Als ein Beispiel für ein Geschäftsmodell mit einer hohen Skalierbarkeit ist ein Online-Shop der Kerzen verkauft. Es ist eine Form des Online-Handels und es muss zu Beginn in den Aufbau der Website, eines Web-Shops und in die Logistik investiert werden. Jedoch sind danach die Einheiten, die am Tag bestellt werden können, nahezu unbegrenzt. Es gibt keine Produktionseinheiten, die eine Begrenzung pro Tag haben. Somit kann der Online-Shop hoch skalieren, ist zeit- und ortsunabhängig für den Verkäufer und Käufer und in der Mengenanzahl ebenfalls nicht begrenzt. Durch einen immer höher werdenden Umsatz mit dem internationalen Verkauf der Kerzen werden beispielsweise die Kosten um ein Vielfaches verringert. Durch den gezielten Einsatz von Marketing- und Vertriebsmaßnahmen, wie beispielsweise Social-Advertising und das Display Werbebanner können mit wenig Aufwand, viele potenzielle Käufer zur gleichen Zeit und ortsunabhängig erreicht werden. Die Kosten und der Zeitaufwand sind gut kalkulierbar und können ebenfalls zu einer hohen Skalierung führen. Es bedarf dabei weniger Ressourcen- und Zeitaufwänden im Vergleich zu mündlichen oder schriftlichen Werbemaßnahmen für die Kerzen. Durch die digitalisierte Verkaufsplattform und die Kaufabwicklung kann ein Unternehmen im Vergleich zu einem stationären Geschäft in kürzester Zeit schneller wachsen und es können Fixkosten und laufende Kosten dauerhaft eingespart werden.

2 Textteil zu Aufgabe B

Durch die andauernde Weitentwicklung der Industrie 4.0 verändern sich in Unternehmen nicht nur durch die Digitalisierung die Produktumfelder, sondern es entstehen durch innovative technische Veränderungen auch neue digitale Kommunikationswege und durch die digitale Transformation entstehen neue Geschäftsmodelle. Dabei wird jedes Unternehmen vor die Herausforderung gestellt, konkurrenzfähig am Markt zu bleiben und schnell wachsende neue Wettbewerber in ihrem Unternehmensumfeld vorbereitet zu sein. (DGFP, 2016, S.8) Um diesen Transformationsprozessen Stand zu halten, ist es notwendig, dass Unternehmen innerhalb ihrer Teams digitale Kompetenzen ihrer Mitarbeiter aufbauen und fördern. „Unternehmen sind mittelfristig auf digital kompetente Mitarbeiterinnen und Mitarbeiter angewiesen, die Transformationsprozessen gegenüber aufgeschlossen sind, digitale Lösungen umsetzen, Chancen antizipieren können und bestenfalls Veränderungen mit vorantreiben." (ebd. S. 8) Eine Differenzierung des Begriffes „Kompetenz" im Vergleich zu „Wissen" ist in der Wissenstreppe nach North dargelegt. Dabei wird deutlich, dass Kompetenz auf dem Wissen aufbaut, jedoch die Anwendung (das Können), das Wollen und die Handlung erst zu der Erreichung einer Kompetenz führen. Wenn dies der Fall ist, kann eine Wettbewerbsfähigkeit erzielt werden. (WIN-Verlag GmbH & Co. KG, 2021) Der weiteren Ausarbeitung liegt folgende Arbeitsdefinition für den Begriff „Digitale Kompetenzen" zugrunde: „Digitale Kompetenzen sind (neue) Fähigkeiten, die Mitarbeiterinnen und Mitarbeiter in die Lage versetzen, digitale Technologien anzuwenden, im Rahmen ihres Aufgabenprofils zu nutzen und darüber hinaus die digitale Transformation von Geschäftsprozessen mit voranzutreiben." (DGFP, 2016, S.10) Um die Umsetzbarkeit in Unternehmen näher zu betrachten, werden nachfolgend werden die drei Facetten von digitalen Kompetenzen getrennt voneinander näher beleuchtet und anhand von Beispielen dargelegt. In der Praxis spielen sie jedoch ineinander und bedingen sich ebenso gegenseitig.

2.1 Digitale fachlich-technische Kompetenzen

Die fachliche Kompetenz an sich beinhaltet das Wissen zu Branchen-, Unternehmens- und Berufsbildern. In Hinblick auf die Digitalisierung muss der Kompetenzbegriff und auch deren Ausprägungen noch stärker spezifiziert werden. (Plass, 2020, S. 80) Eine neue und wichtige Kompetenz im digitalen Zeitalter von Unternehmen stellt die allgemeine digital fachlich-technische Fähigkeit dar. Dabei ist eine Informations- und Datenkompetenz gemeint, die den Umgang mit Datensätzen, deren Analyse, Auswertung und Aufbereitung enthält. Dabei kommt auch für die Geschäftsführung von Unternehmen eine neue Aufgabe hinzu: die Wichtigkeit und den Umgang mit Daten gegenüber ihren Mitarbeitern darzulegen und zu schulen. Vor allem im Umgang mit sensiblen Daten und der damit verbundenen Datenschutzverordnung ist eine erweiterte Kompetenzvermittlung und Sensibilisierung der Thematik für die Beteiligten von großer Bedeutung. (DGFP, 2016, S. 10) Die Thematik des Kompetenzaufbaus der Industrie 4.0 beginnt bereits in der Schule innerhalb der Vermittlung von Lehrinhalten der MINT-Fächer. Es bedarf einer Integration der technologischen Weiterentwicklung in die Lehrpläne, um dort die Basis für digitale Fähigkeiten auszubauen. Es entstehen bereits zunehmend neue Berufsbilder oder bereits bestehende Berufsbilder benötigen Weiterbildungsmaßnahmen, in den Bereichen - Logik, - Strukturaufbau und - IT-Kenntnisse, sowie teilweise Software-Entwicklung als eine neue Kompetenz und Voraussetzung für Berufe im Digitalbereich darstellt. (Plass, 2020, S. 80)

In dem Praxispapier der DGFP (2016) wurden zur Orientierung für die Veränderung der Daten- und Informationskompetenz folgende Leitfragen erarbeitet:

- „Welche Datenschutzauflagen und rechtliche Rahmenbedingungen gelten?
- Wie lässt sich Komplexität angemessen reduzieren?
- Welchen Wert haben die Daten für das eigene Unternehmen und für die Stakeholder?" (ebd. S. 11)

Die genannten Leitfragen haben einen unmittelbaren Einfluss auf den Erfolg von einem digitalen Kompetenzaufbau in einem Unternehmen. Es ist jedoch auch anzumerken, dass vor allem die fachlichen Kompetenzen in jedem Berufskontext unterschiedlich sein kann. Aus diesem Grund hat das Personalmanagement die Aufgabe, die Bedarfe für digitale Kompetenzen in den Fachabteilungen zu identifizieren und wiederum die Mitarbeiter in den Fachabteilungen für die Digitalisierungsthemen zu sensibilisieren. Um die fachlichen Kompetenzen gewinnbringend in die Unternehmensstrategie zu integrieren und die Stellenausschreibungen hinsichtlich des neuen erforderlichen Anforderungsprofils anzupassen, muss das HR-Team dauerhaft in einem offenen Austausch mit den Fachabteilungen und den Mitarbeitern bleiben. Es müssen Entwicklungen und Trends der Digitalisierung in dem Unternehmensbereich mit Hilfe von Studien, Messen und einem externen Netzwerk beobachtet und analysiert werden. (ebd. S. 12) Nur so kann der Aufbau von digitalen Kompetenzen in den Unternehmen langfristig und nachhaltig gesichert werden.

Beispiel eigenes Profil - Digitale Marketingagentur:

In einer Marketingagentur muss ein Projektmanager beispielsweise seine digitale Fachkompetenz für die richtige Nutzung von Social-Media-Tools sowie Analyse- und Reportingtools (Google Analytics, Data Studio Board) mit Hilfe von Webinaren und Schulungskursen erlernen und dieses Wissen an seine Kollegen weitergeben. Nur so können die Tools eine Arbeitserleichterung im Alltag darstellen. Es können dabei beispielsweise komplexe Daten von unterschiedlichen Plattformen mit Hilfe eines Reportingtools für die Kunden generiert, übersichtlich aufgearbeitet und abgebildet werden. Für ein digitales Projektmanagement ist es möglich, dem Projektstand und - fortschritt transparent für interne und externe Parteien darzulegen. Mit Hilfe eines digitalen Projektmanagement-tools (z.B. Jira) können Arbeitsschritte und Aufgaben außerdem unter allen Beteiligten koordiniert werden. Dazu ist es notwendig, dass alle Personen, die unmittelbar mit diesen Tools arbeiten einen sicheren Umgang bei der Verwendung haben, die Schnittstellen der Daten kennen und über die Aspekte des Datenschutzes bei der Tool-Verwendung von Drittanbietern informiert sind. Außerdem sollte ein klarer Fokus auf die Wertigkeit der Daten für das Unternehmen und für den Kunden liegen. Es ist also wesentlich, dass vor der Nutzung der Tools eine sorgfältige Prüfung der Funktionalitäten und der Datensicherheit durch den Projektmanager erfolgt. Außerdem kann es bei der Stellenbesetzung innerhalb des Unternehmens sein, dass das Wissen oder eine Zertifizierung eines bestimmten Projektmanagement-Tools eine Voraussetzung darstellt. Durch die Schulung und die Wissensbestände der Beteiligten, kann die digitale fachlich-technische Kompetenz nachhaltig gesichert werden.

2.2 Digitale Businesskompetenz

Im Vergleich zur fachlich-technischen Digitalkompetenz ist die digitale Businesskompetenz charakterisiert durch eine Art Allgemeingültigkeit. Für eine detaillierte Betrachtung lässt sich die Businesskompetenz in vier Bereiche untergliedern: in die Eigenverantwortlichkeit, der Vernetzungskompetenz, die Kommunikationsfähigkeit und der Agilität. Nachfolgend werden die Kompetenzen und ihre Begrifflichkeiten sowie der Einfluss der Digitalisierung auf den jeweiligen Bereich in einer Übersicht dargestellt.

Kompetenz	Begriffsdefinition	Veränderungen der Kompetenz durch den Einfluss der Digitalisierung
Eigenverantwortlichkeit	• Aktives Einholen von Informationen • Autorisierung von eigenverantwortlichen Entscheidungen im begrenzten Rahmen • Effizientes Zeit- und Ressourcenmanagement	• Verstärkte Arbeit auf Ad-hoc-Basis • Beschleunigung von Entscheidungsprozessen und deren Umsetzung • Auswirkungen des eigenen Handelns abschätzen zu können • Höheres Ausmaß an Selbstmanagement notwendig
Kommunikationsfähigkeit	• Effiziente interne und externe Kommunikation • Beteiligung auf Social-Media-Plattformen • Teilen von Wissen und Expertise • Bewusstsein für die Konsequenzen von Kommunikation	• Proaktive Kommunikation • Parallele Nutzung von neuen Kanälen • Höhere Transparenz und Informationsverbreitung • Höhere Geschwindigkeit bei Kommunikationsprozessen • Verbesserung der globalen und interkulturellen Kommunikation • Gesteigerte Kommunikation zwischen Mensch und Maschine

Vernetzungskompetenz	• Reale und virtuelle Netzwerke aufbauen, fördern und pflegen • Share Economy: Wissen und Informationen bereitstellen • Akzeptanz verschiedener Organisationsformen • Teamzusammenhalt im virtuellen Teams	• Einfachere Vernetzung über zeitliche und räumliche Grenzen hinweg • Zunehmende Intensität und Bedeutung der Vernetzung • Amorphe, fluide und hierachiefreie Projektstruktur • Problemlösung durch Vernetzung und Synergien
Agilität	• Veränderungsbereitschaft • Entscheidungenrevidieren, anderen Ansätze erschließen • Motivation/Engagement	• Häufiges und schnelles Einstellen auf neue Situationen und Veränderungen • Stärker ausgeprägte Lernfähigkeit: häufigeres Umlernen, Bereitschaft zu lebenslangem Lernen

Tabelle 2-1 Die vier Facetten der digitalen Businesskompetenz und deren Veränderungen durch den Einfluss der Digitalisierung (in Anlehnung an DGFP, 2016, S. 13)

Es ist also notwendig in den Unternehmen zu beobachten, ob und inwiefern sich die digitale Businesskompetenz im Zuge der Digitalisierung verändert. Dazu können Aspekte der Eigenverantwortlichkeit beispielsweise bei den einzelnen Mitarbeitern abgefragt werden und dort können die Indikatoren für einen zunehmenden Einfluss der Digitalisierung festgestellt werden. Dabei sind Indikatoren beispielsweise eine Erhöhung des Selbstmanagements der Mitarbeiter, Ad-hoc Aufgabenanteile oder auch die Einschätzung der Auswirkungen der eigenen Handlungsweisen. Für die Kommunikationsfähigkeit ist vor allem die Zunahme von digitalen Kommunikationskanäle ein Indikator, ebenso die interkulturelle und globalere Vernetzung der Beteiligten untereinander sowie eine höhere Transparenz und Schnelligkeit der Informationsverbreitung. Dazu kommen auch noch verstärkt die Indikatoren im Bereich der Vernetzungskompetenz hinzu. Diese ist vor allem geprägt von einer Vereinfachung der Kommunikation auf globaler Ebene und über Entfernungen hinweg, sie dient außerdem der Auflösung von starren und hierarischen Projektstrukturen im Unternehmen. Ein wichtiger Indikator stellt vor allem auch die Problemlösungsstrategien über Kompetenzbereiche hinaus dar, wobei Synergien und Kompetenzen über die Abteilungsgrenzen hinweg nutzbar gemacht werden. (ebd. S. 14) Dabei wird deutlich, dass die digitale Businesskompetenz kein alleiniges Thema von einzelnen Fachbereichen und Mitarbeitern darstellt, sondern in jedem Bereich für alle Beteiligten ihre Facetten aufzeigt. Es handelt sich um die Fähigkeiten, die Nutzung und die Handlungsspielräume, die durch die Digitalisierung ermöglicht wird innerhalb der jeweiligen Arbeitsbereiche zu erkennen und in die Handlung zu gelangen. Durch den

Aufbau dieser Kompetenz innerhalb der Belegschafft, kann ein Unternehmen langfristige Wertschöpfung erzeugen.

Beispiel eigenes Profil - Digitale Marketingagentur:

Innerhalb einer digitalen Marketingagentur bildet die digitale Businesskompetenz einen entscheidenden Faktor für die Wettbewerbsfähigkeit des Unternehmens. Dabei müssen die Mitarbeiter des Unternehmens in der Lage sein, mit Hilfe von agilen Arbeitsweisen schnell auf äußere Veränderungen und Kundenanforderungen zu reagieren. In einer Social-Media-Abteilung ist es beispielsweise notwendig, dass sobald eine neue Social-Media-Plattform auf den Markt gelangt, schnell und selbstständig ein umfassendes Wissen über die neuen Funktionalitäten und Zukunftspotentiale zu erlangen. Damit ist es möglich, die Kunden der Agentur hinsichtlich der Neuerung zu informieren, nach ihrer Wichtigkeit hinsichtlich ihrer Zielgruppenrelevanz zu informieren und eine professionelle Beratungskompetenz zu ermöglichen. Für die Projektmanager des Unternehmens ist es wichtig, dass eine schnelle Vernetzung und Schnittstellen zu diesen Informationen und Innovationsthemen vorhanden sind. Somit können durch Netzwerkevents innerhalb der Branche, Kontakte zu Ansprechpartnern der Plattformen geknüpft werden oder auch die Aufnahme der Marketingagentur in ein exklusives Businessnetzwerk von z.B. Facebook oder Google, kann zu einem Wettbewerbsvorteil führen. Über die Netzwerke können frühzeitig Informationen zu Neuerungen und auch Beta-Testphasen exklusive Zugänge zu Innovationstrends geteilt werden. Das wiederum ermöglicht einer Digitalagentur ihren Kunden eine exklusive und trendorientierte „first-mover" Betreuung anzubieten.

2.3 Digitale Fitness

Die neuen Anforderungsprofile, welche die Digitalisierung für die Unternehmen und deren Geschäftsmodelle mit sich bringen, erfordern die Entwicklung und den Aufbau von einer digitalen Fitness aller Beteiligten. Bei dieser Form der Kompetenz sind vor allem weichere Faktoren inbegriffen, die jedoch voraussetzt, dass das Grundverständnis und Wissen über die fachlichen-technischen Möglichkeiten und Funktionen bereits im Unternehmen vorhanden sind. Ebenso sind dabei technischen Geräte und neue Technologien inkludiert sowie die offene und interessierte Einstellung der Beteiligten gegenüber diesen Entwicklungen. Die Aufgabe besteht bei dieser Kompetenz vor allem darin, dass die richtigen Geräte, Applikationen und Tools eingesetzt werden, im Sinne der höchsten Nutzbarkeit und Effizienz. Dabei findet der Transfer von technischem Wissen und Verständnis in den Arbeitsalltag des Unternehmens statt. Ein wesentlicher Aspekt hinsichtlich der sicheren Anwendung und Nutzung von Applikationen oder Online-Diensten (Cloud) ist die Sensibilisierung und das Wissen über datenschutzrechtliche

Rahmenbedingungen. Dazu sollten in den Unternehmen Datenschutzverantwortliche einen Überblick über die genutzten und potenziellen Anwendungen und Geräten behalten und alle Beteiligte darüber zu schulen.

Die Definition von den Fähigkeiten „Digitale Fitness" lautet wie folgt:

- „Interesse und Offenheit gegenüber der Digitalisierung
- Grundsätzliches Wissen über technologische Möglichkeiten
- Anwendungen auf das eigene Tätigkeitsfeld
- Sensibilität bezüglich rechtlicher Rahmenbedingungen"

(ebd. S. 15)

<u>Beispiel eigenes Profil - Digitale Marketingagentur:</u>

Im Praxistransfer bedeutet die digitale Fitness im Arbeitskontext eines Social-Media-Managers beispielsweise die Nutzung von Social-Media-Tools für die Vorplanung von Beiträgen oder auch derer Performanceauswertung. Hierbei sind eine Vielzahl von Tools und Applikationen auf dem Markt vorhanden. Es gilt bei der Auswahl eines passenden Tools abzuwägen, inwiefern die Funktionen der Tools, die Bedürfnisse und notwendigen Informationen zur Verfügung stellt und in welchem Verhältnis der Preis zur Effizienz und Nutzbarkeit im Arbeitsalltag zueinanderstehen. Eine Nutzung der Probepakte der Tools über einen definierten Testzeitraum hinweg bietet sich als Vorgehensweise an. Anhand des Testzeitraums können beispielsweise Kriterien bestimmt werden, wie Zeitreduktion, Usability, Komplexität und Anwendungsoptionen und diese unter den Tools getestet und dann ausgewertet werden. Es bedarf jedoch für die richtige Entscheidung der Tools, ein umfängliches Wissen zu Digitalisierungstrends und spezifischen Anforderungen der Kunden bei den Beteiligten der Marketingagentur. Die Anschaffung von kostenspieligen Tools sollte mit einem Weitblick und Zukunftsaussichten auf Unternehmens- und Kundenseite eruiert und ausgewählt werden. Es ist außerdem von Bedeutung, dass die Projektmanager eigenverantwortlich gegenüber Neuerungen der Funktionsweisen und Schnittstellen, offen und informiert bleiben.

3   Textteil zu Aufgabe C

Für einen Praxistransfer des theoretisch erarbeiteten Modells wird das fiktive Start-Up SmartMeal AG herangezogen. Als ein digitaler Essenslieferant liefert SmartMeal komplette Mahlzeiten in Essensboxen mit allen notwendigen Zutaten an Kunden nach Hause. Das Ziel des Unternehmens ist es, vorrangig regionale Produkte für die Gerichte zu verwenden und die Wertschöpfungskette sowie alle Geschäftsprozesse in Deutschland abzubilden. Für eine Übersicht der Wertschöpfungskette des Unternehmens wird die Darstellung nach Porter gewählt. Das Ziel ist es, innerhalb der wertschöpfenden Bereiche des Unternehmens mit Hilfe von digitaler Unterstützung die Prozesse zu optimieren. In diesem Zusammenhang sollen ebenso mögliche Hürden für die Kunden und das Unternehmen hinsichtlich der digitalen Prozesse erörtert werden.

Wertschöpfungskette – SmartMeal AG

Abbildung 3-1 Wertschöpfungskette SmartMeal AG (eigene Darstellung)

Der wertschöpfende Kern der SmartMeal AG liegt vorrangig in Produktion der Smart-Meals und der Produktdistribution. Als unterstützende Aktivität steht vor allem die Beschaffung der Produkte im Fokus der Wertschöpfungskette. Dabei müssen die Produkte selbst sowie die Hilfs- und Betriebsstoffe, wie Verpackungsmaterialen und Paketversendungen, in einer sehr guten Qualität und mit einer gewissen Schnelligkeit zu beschaffen sein. Aus diesem Grund hat sich SmartMeal einen festen Kundenstamm an Zulieferern für die Rohstoffe und Betriebsmittel in Deutschland aufgebaut. Um die Frischegarantie und Produktionsgeschwindigkeit zu gewährleisten, werden für den Einkauf von frischen

Lebensmitteln vor allem Produzenten aus der regionalen Umgebung für die SmartMeals akquiriert. Andere Lebensmittel, wie Gewürze oder haltbare Produkte, werden bereits in Vorratsmengen eingekauft und in dem zentralen Lager von SmartMeal aufbewahrt. Die Herausforderungen des Start-Ups sind sehr wahrscheinlich in diesen Bereichen verankert. Dabei bilden bereits das digitale Bestellsystem und die damit verbundene digitale Produktbeschaffung sowie die Ausgangslogistik wesentliche Punkte, welche über den Unternehmenserfolg und damit die Wirtschaftlichkeit entscheiden werden. Um einen Wettbewerbsvorteil gegenüber Marktkonkurrenten zu erzielen, kommuniziert die Smart-Meal AG mit dem Versprechen: „Von der Ernte der Produkte bis zum Kunden auf dem Teller benötigen die Zutaten von SmartMeal 3 Tage!". Damit liegt das Unternehmen deutlich unter der durchschnittlichen Zeit von 10 Tagen bei anderen Anbietern. Die Beschaffung der Produkte basiert einer stark verkürzen Lieferkette zwischen Lieferanten und Händlern, wodurch die Produktqualität und Produktionsgeschwindigkeit deutlich optimiert wird.

Um eine stabile Produktionsmarge aufrecht zu erhalten, wird bereits mit zahlreichen digitalen Prozessen in dem Unternehmen gearbeitet. Nachfolgend wird in einer Übersicht auf die digitalisierten Teile der Wertschöpfungskette eingegangen.

3.1 Digitale Prozesse in der Wertschöpfungskette

Entlang der gesamten Wertschöpfungskette von SmartMeal wurde horizontal ein ERP-System integriert, um die digitalen Prozesse in den Unternehmensbereichen abzubilden. Ein Enterprise-Resource-System-Planning Program (ERP) kann als zentrales Programm für ein Unternehmen implementiert werden, um alle Ressourcen und organisatorischen Aufgaben zu steuern. Außerdem ermöglicht es eine effiziente Analyse und Auswertung der Geschäftsprozesse. Die derzeit bekanntesten Anbieter am Markt für ERP-Systeme sind SAP, Infror oder Microsoft Dynamics NAV. Es bietet sich jedoch an ERP-Systeme branchenspezifisch auszuwählen. Für kleiner Unternehmen oder Start-Ups bietet sich jedoch auch weniger preisintensive und übersichtlichere Software an, z.B. in Form eines Cloud-ERP-Systems, wie Scopevisio oder myfactory. Bei einer Cloud-Software wäre hier gerade für Start-Ups auch der weitere Aspekt von Vorteil, dass die Arbeit räumlich unabhängig erfolgen kann und keine IT-Infrastruktur innerhalb des Unternehmens notwendig ist. (Lexware.de, 2021)

Mit Hilfe des ERP-Systems wird ein abteilungsübergreifendes Management ermöglicht. In der nachfolgenden Abbildung werden die Teile der Wertschöpfungskette aufgeführt, die durch die Einführung eines ERP-Systems bei SmartMeal AG beeinflusst werden.

Zentrales ERP-System für alle Bereiche integriert				
Finanzen	ERP-System Modul inkludiert folgende Funktionen: Zahlungen, Mahnungen, Finanzbuchhaltung, Bilanz und GuV, Controlling.			
Personalwesen	ERP Modul deckt Human Ressource Management, Lohn- und Gehaltsabrechnung, Karriereplanung, Personalentwicklung- und – Besetzung, sowie Gehaltanpassungen ab.			

Entwicklung/ Einkauf	Produktion/ Logistik	Lagerhaltung	Sales & Marketing	Endkunde/ Logistik, Service
Online-Entwicklungsdaten-austausch mit externen Händlern in Deutschland	Vorproduktion einiger Produkte mit Hilfe von automatisierten "Vorhersagen"	Zentrale Warenwirtschaft (Einkauf, Materialwirtschaft, Lagerverwaltung)	Omni-/Multichannel Sales durch CRM-Integration von Kundendaten	EDI-Integration mit externen Paketlieferanten wird in Warenwirtschaft gespielt für Lieferstatus
EDI/WebEDI-Einkauf von produktionsrelevant en Gütern	Echtzeitfertigung der Endprodukte gemäß der eingehenden Bestellungen	Schnelle und effiziente Auslieferung an Kunden	Angebote und effiziente Kontaktpunkte mit Kunden	Echtzeitservices für Kunden

Abbildung 3-2 Wertschöpfungskette mit ERP-System (in Anlehnung an Sauer, 2018; Lexware.de, 2021)

In dem Bereich der Finanzen dient ein speziell integriertes ERP-System Modul dazu, unter anderem die Abwicklung von Zahlungen, Mahnungen, Finanzbuchhaltung und das Controlling in einer gemeinsamen Datenbank abzubilden. Das erleichtert die Organisation der Buchhaltung und die automatisierten Versendungen von Rechnungen oder Mahnungen sparen Zeitressourcen. In dem Bereich des Personalwesens kann ebenfalls mit Hilfe eines speziellen ERP-Moduls das HR-Management teilweise automatisiert erfolgen. So können Lohn- und Gehaltsabrechnungen von dem System erstellt und versendet werden. Außerdem können abteilungsübergreifende Personalplanung und auch Personalentwicklungen abgebildet und strategisch organisiert werden. Dabei dient das ERP-System dazu, einen Überblick über die Entwicklungsplanung der Abteilungen zu behalten und personenspezifische Daten zu sammeln.

Die Produktion innerhalb der Industrie 4.0 zeichnet sich dadurch aus, dass die Produktionsstätten sehr flexibel und bedarfsorientiert ausgerichtet sind. Sowohl die Lieferanten als auch die Kunden sind in der Wertschöpfungskette eingebunden. (Plass, 2020, S.66) Innerhalb der Primären Aktivitäten der Wertschöpfungskette dient eine Implementierung von Online-Entwicklungsdaten bei dem Einkauf dazu, zusammen mit dem externen Zulieferer und Händlern der SmartMeal Produkte einen Austausch über Bedarfsplanung und zukünftige Entwicklungen bei der Beschaffung zu führen. Das Ganze wird durch Smart Sourcing ermöglicht. Dies ermöglicht sowohl für die Partner als auch für das Unternehmen eine flexible Planungssicherheit. Der gemeinsame Standort in Deutschland ist dabei von Vorteil für die Lieferzeiten und die Einkaufsabwicklung. Das sogenannte Smart Planning ermöglicht es die Produktion und dessen Versorgung mit einem automatisierten System und einer künstlichen Intelligenz, selbst steuerbar zu machen. (ebs. S. 66) Dabei können automatisiert haltbare Produkte vorproduziert werden, um die Schnelligkeit im Bereich des Versands effizienter zu gestalten. Außerdem ermöglichen die digitalisierten Prozesse eine Echtzeitproduktion der SmartMeal Boxen, welche entsprechend den Bestelleingängen abgewickelt werden können. Dazu wird sobald eine Bestellung eingegangen ist, direkt eine digitale Information an die Produktion weitergeleitet, welche digitale Daten zu den gewünschten SmartMeal Produkten integriert weiterleitet. Innerhalb der Produktion können dann automatisiert Produktionsprozesse gestartet werden. In dem nächsten Schritt ist dann das Lagersystem ebenfalls verknüpft mit dem Einkauf und der Produktion. Dabei verhilft die Smart Distribution dabei eine nahtlose Kommunikation über den Auftrags- bis hin zum Lieferstatus für die Kunden zu ermöglichen. (ebd. S.66) Die Informationen über die Bedarfe und Wareneingänge werden mit den Lagerbeständen vor Ort durch eine digitale Warenwirtschaft in Echtzeit dauerhaft miteinander abgeglichen. Somit wird durch das System abgesichert, dass die gewünschten SmartMeal Produkte vor Ort vorhanden sind, um eine schnelle und garantierte Lieferung an die Kunden zu gewährleisten. Das ERP-System ist ebenfalls mit dem Team von Marketing und Sales verbunden. Damit können Lieferschwierigkeiten und Engpässen vorgebeugt werden. Ebenso können im Marketing in Echtzeit, die Informationen abgerufen werden, die für eine nachhaltige und effiziente Kundenkommunikation notwendig sind. Sobald Beschwerden oder Anfrage über das Community-Management oder Serviceteam der Kunden gestellt werden, kann das Marketingteam auf die Informationen über Waren-, Lieferungs- und Produktbestände abrufen und weiterleiten. Es ist ebenso möglich, dass das Marketing- und Salesteam spezifische Angebote und Werbemaßnahmen an die potenziellen Kunden aussteuern kann, angepasst an die SmartMeal Produktionsplanung, sowie an die strategischen Ziele. Im letzten Schritt für den Versand und die Auslieferung der SmartMeal Boxen an die Kunden ist es möglich, durch eine EDI-Integration externe Paketzusteller entsprechend den Informationen zu den versandfertigen Boxen aus dem Lager automatisiert zu kontaktieren. Dabei bekommen die externen Partner eine Information zu Paketmengen und Auslieferungsadressen und können sich entsprechend ihrer Verfügbarkeit bereit erklären, die Paketauslieferung abzuwickeln. Wiederum kann dann im Warenwirtschaftssystem der Status der Lieferung in Echtzeit verfolgt werden. Das bietet für das Unternehmen SmartMeal eine Echtzeit Übersicht zu dem Lieferstatus und ebenso können die Kunden mit einem Versandlink den Status ihrer Lieferung automatisiert abrufen.

Die Einführung von digitalen Prozessen im Unternehmen kann jedoch ebenso Nachteile für alle Beteiligten mit sich bringen.

3.2 Mögliche Hürden von digitalen Prozessen in Unternehmen

Es können durch die Implementierung von digitalen Prozessen in Unternehmen auch einige Hürden auftreten, die wiederum durch neue Prozessstrukturen entstehen können. Durch die Einführung von einer Wertschöpfungskette mit einem ERP-System ist es eine Notwendigkeit, Prozessabläufe und Prozessteile unternehmensseitig zu definieren und festzulegen. Daraus resultiert eine neue Unternehmensstruktur, die sogenannte Prozessorganisation. Diese zeichnet sich vor allem durch ihre horizontale Ausrichtung aus, durch flache Hierarchien und einer starken Kunden- und interdisziplinäre Teamorientierung. Das primäre Ziel der Organisation liegt in der Steigerung der Kundenzufriedenheit und der Produktivität. Im Gegensatz zu einer Funktionsorganisation bei der die Fokussierung auf Kosteneffizienz und die Aufteilung in Abteilungsbereiche sowie deren Erfolgen liegt. (Schmelzer & Sesselmann, 2008, S. 72)

In der beschrieben Prozessorganisation erfordern die Einführung von agilen Projektmanagementmethoden und eine prozessorientierte Struktur, von allen Beteiligten der Organisation, eine höhere Selbstkoordination und Selbstkontrolle. Die flachen Hierarchiestrukturen ermöglichen eine Selbststeuerung von Lernprozessen. So kann eine lernende Organisation entstehen. Dazu ist es jedoch notwendig, dass die vorhandene Wissensbasis des Unternehmens allen Beteiligten zur Verfügung gestellt wird. Der Faktor der Schnelligkeit des organisationalen Lernens ist entscheidend für den Wettbewerbsvorteil am Markt. (ebd. S. 76) Bei den immer neu aufkommenden Erkenntnissen, Methoden und innovativen Prozessen innerhalb einer Industrie 4.0, ist es nicht nur erforderlich das Wissen der Unternehmensmitglieder dauerhaft zu aktualisieren, sondern auch die Wissensvermittlung voranzutreiben und die Stärkung der Eigeninitiativen für die Wissensaneignung und Offenheit gegenüber neuen Prozessen bei allen Beteiligten aufrecht zu erhalten. Das „schwächste" Glied der Organisation bestimmt über den Weiterentwicklungserfolg und die Potentiale. Es müssen dazu ein allgemeines Verständnis einer lernenden Organisation durch die Geschäftsführung und das Management aufgebaut und vermittelt werden. Zudem kann eine weitere Hürde, die Standardisierung und Definition der Prozessabläufe darstellen. Dazu muss ein gemeinsames Verständnis über einzelne Prozesse erarbeitet werden, wobei es hier zu unterschiedlichen Ansichten und Meinungen kommen kann. Ebenso ist durch die Auflösung von funktionalen Einheiten bei einem prozessorientierten Vorgehen, ein erhöhter Koordinationsbedarf für die Überwindung von Abteilungs- und Funktionsgrenzen hinweg zu berücksichtigen. (Keller, 2017) Die Steuerung und auch die Regulierung der komplexeren Prozessstrukturen muss durch die Führungsebene des Unternehmens abgedeckt werden. Es kann sonst zu Chaos und Blockaden zwischen den Beteiligten führen, sollte die digitalen Prozessstrukturen nicht transparent und klar verständlich gemacht werden. An dieser Stelle ist auch eine intensive technische Schulung aller Beteiligten und eine ständige Auffrischung des Wissens über die Arbeit mit dem implementierten ERP-System und seiner Module erforderlich. Wenn das Grundverständnis über dieses System nicht vorhanden ist, können fehlerhafte Anwendungen oder auch Fehlinterpretationen zu erheblichen Störungen in den Prozessabläufen führen. Außerdem muss eine vollständige Ausschöpfung der Potenziale des ERP-Systems vorhanden sein, um die Ressourcen und Prozessabläufe langfristig zu optimieren.

Literaturverzeichnis

Appelfeller, Wieland; Feldmann, Carsten (2018): Die digitale Transformation des Unternehmens. Systematischer Leitfaden mit zehn Elementen zur Strukturierung und Reifegradmessung. Berlin: Springer Gabler.

Prof. Dr. Bernecker, Michael (2020): Wertschöpfungskette nach Porter. DIM Deutsches Institut für Marketing GmbH (Hrg.). Online verfügbar unter https://www.marketinginstitut.biz/blog/wertschoepfungskette/, zuletzt geprüft am 19.09.2021.

Bitkom (2018): Herausforderungen bei der Digitalisierung von Geschäftsprozessen meistern. Hinweise und Hilfestellungen von Experten. Hg. v. Bitkom. Bundesverband Informationswirtschaft, Telekommunikation und neue Medien e. V.

Deutsche Gesellschaft für Personalführung e. V. (2016): Leitfaden: Kompetenzen im digitalisierten Unternehmen. Ergebnisse aus Expertenkreisen im Rahmen eines BMWi-geförderten Forschungsprojekts. Hg. v. Deutsche Gesellschaft für Personalführung e. V. Neuss.

Eelants, Mitch (2021): Wertschöpfungskette Porter. Porters Value Chain oder Wertschöpfungskette. Hg. v. Marketingbright GmbH. Online verfügbar unter https://www.marketingbright.de/unternehmensanalyse/wertschoepfungskette-porter/, zuletzt geprüft am 19.09.2021.

European Association of Business Process Management EABPM (2014): Business process management. BPM common body of knowledge - BPM CBOK; Leitfaden für das Prozessmanagement ; Version 3.0. 2., überarb., deutschsprachige Ausg. Gießen: Schmidt (Schriftenreihe der EABPM, Bd. 1).

Gadatsch, Andreas (2020): Grundkurs Geschäftsprozess-Management. Wiesbaden: Springer Fachmedien Wiesbaden.

Greff, Tobias; Winter, Florian; Werth, Dirk (2018): Digitale Geschäftsmodelle in der Domäne wissensintensiver Dienstleistungen-Stand der Forschung und Transfer in die Unternehmensberatung. Tagungsband der Multikonferenz Wirtschaftsinformatik (MKWI), S. 1316-1328.

Hammer, Michael; Champy, James; Künzel, Patricia (2003): Business reengineering. Die Radikalkur für das Unternehmen. 7. Aufl. Frankfurt/Main: Campus-Verl.

Haufe-Lexware GmbH & Co. KG (Hg.) (2021): Marktübersicht: Welche ERP-Systeme gibt es? Online verfügbar unter https://www.erp-system.online/, zuletzt geprüft am 19.09.2021.

Keller, Maren (2017): Digitale Prozesse. 8 Stolpersteine für Unternehmen im digitalen Wandel. Hg. v. SYNAXON AG. Online verfügbar unter https://it-service.network/blog/2017/04/18/digitale-prozesse/, zuletzt geprüft am 19.09.2021.

Plass, Christoph (2020): Wie digitale Geschäftsprozesse und Geschäftsmodelle die Arbeitswelt verändern. In: Maier, Günter W.; Engels, Gregor; Steffen, Eckhard (2020): *Handbuch Gestaltung digitaler und vernetzter Arbeitswelten.* Berlin, Heidelberg: Springer Berlin Heidelberg.

Sauer, Patrizia (2018): Wie Oracle-Anwender die vielfältigen Integrationsanforderungen der Digitalisierung unternehmensübergreifender Wertschöpfungsketten erfolgreich bewältigen können. Hg. v. SEEBURGER AG. Online verfügbar unter https://blog.seeburger.com/de/wie-oracle-anwender-die-vielfaeltigen-integrationsanfor-derungen-der-digitalisierung-unternehmensuebergreifender-wertschoepfungs-ketten-erfolgreich-bewaeltigen-koennen/.

Schmelzer, Hermann J.; Sesselmann, Wolfgang (2008): Geschäftsprozessmanagement in der Praxis. Kunden zufrieden stellen - Produktivität steigern - Wert erhöhen; [das Standardwerk. 6., überarb. und erw. Aufl. München: Hanser. Online verfügbar unter http://www.gbv.de/dms/hanser/9783446410022.pdf.

Schmelzer, Hermann J.; Sesselmann, Wolfgang (2013): Geschäftsprozessmanagement in der Praxis. Kunden zufriedenstellen, Produktivität steigern, Wert erhöhen: [das Standardwerk. 8., überarbeitete und erweiterte Auflage. München: Hanser.

WIN-Verlag GmbH & Co. KG (2021): Digitale Zusammenarbeit: So meistern Unternehmen effektiv die Coronakrise. Online verfügbar unter https://www.digital-enginee-ring-magazin.de/digitale-zusammenarbeit-so-meistern-unternehmen-effektiv-die-coronakrise

BEI GRIN MACHT SICH IHR WISSEN BEZAHLT

- Wir veröffentlichen Ihre Hausarbeit, Bachelor- und Masterarbeit

- Ihr eigenes eBook und Buch - weltweit in allen wichtigen Shops

- Verdienen Sie an jedem Verkauf

Jetzt bei www.GRIN.com hochladen und kostenlos publizieren